KNAUR.LEBEN

Matthieu Ricard

Glück ist immer in dir

Inspirationen für mehr Lebensfreude

Aus dem amerikanischen Englisch
von Christine Bendner

KNAUR.LEBEN

Die vorliegende Textsammlung stammt aus
Matthieu Ricard, »Glück«, München 2020.

Besuchen Sie uns im Internet:
www.knaur.de

Aus Verantwortung für die Umwelt hat sich die Verlagsgruppe Droemer Knaur zu einer nachhaltigen Buchproduktion verpflichtet. Der bewusste Umgang mit unseren Ressourcen, der Schutz unseres Klimas und der Natur gehören zu unseren obersten Unternehmenszielen. Gemeinsam mit unseren Partnern und Lieferanten setzen wir uns für eine klimaneutrale Buchproduktion ein, die den Erwerb von Klimazertifikaten zur Kompensation des CO_2-Ausstoßes einschließt.
Weitere Informationen finden Sie unter: www.klimaneutralerverlag.de

FSC
www.fsc.org
MIX
Papier aus verantwortungsvollen Quellen
FSC® C005754

Taschenbuchausgabe Mai 2021

Covergestaltung: atelier-sanna.com, München
Coverabbildung: Shutterstock.com / mamita
Layout und Satzgestaltung: atelier-sanna.com, München
Kollagen von Claudia Sanna unter Verwendung von Abbildungen aus Shutterstock.com: mamita, Olga Korneeva
Autorenfoto: Marion Stalens
Druck und Bindung: EuroPrintPartner, Kehl
ISBN 978-3-426-87906-1

2 4 5 3 1

Inhalt

Ich bin ein glücklicher Mensch

Ich kann wirklich von mir sagen, dass ich ein glücklicher Mensch bin – so wie ich sagen kann, dass ich in der Lage bin, zu lesen und zu schreiben, oder gesund bin. Wäre ich als Kind in einen Zaubertrank hineingefallen und seither stets glücklich gewesen, wäre diese Aussage ziemlich uninteressant. Aber so war es keineswegs schon immer.

Als Kind und Jugendlicher habe ich gelernt, so gut es mir möglich war, die Natur geliebt, ein Instrument gespielt, bin Ski gefahren und gesegelt, habe Vögel beobachtet und gelernt, wie man fotografiert. Und ich habe meine Familie und meine Freunde geliebt. Niemals jedoch wäre ich auf die Idee gekommen, mich als *glücklich* zu bezeichnen. Das Wort »Glück« kam in meinem Wortschatz nicht vor. Ich nahm zwar ein Potenzial in mir und anderen wahr, das mir wie ein verborgener Schatz erschien, aber dieses Potenzial war zunächst verschwommen, und ich hatte keine Ahnung, wie ich es entfalten könnte. Das intensive Gefühl inneren Wohlbefindens, das ich heute in jedem Moment meines Lebens verspüre, entstand erst im Lauf der Zeit und unter

Bedingungen, die dazu beitrugen, die Ursachen von Glück und Leid zu verstehen.

Das Glück, bemerkenswerten Menschen zu begegnen, die ebenso weise wie mitfühlend waren, gab in meinem Fall den entscheidenden Ausschlag. Denn das gelebte Vorbild sagt mehr als tausend Worte. Sie haben mir vor Augen geführt, was man erreichen kann, und bewiesen, dass man dauerhaft frei und glücklich *werden* kann – vorausgesetzt, man weiß, wie man es anstellen muss.

Bin ich mit Freunden zusammen, nehme ich voller Freude an ihrem Leben teil. Bin ich alleine, im Retreat oder wo auch immer sonst, genieße ich jeden Augenblick. Arbeite ich an einem Projekt, freue ich mich, wenn es von Erfolg gekrönt ist – und sollte dies nicht der Fall sein, sehe ich keinen Grund, mich darüber zu ärgern, weil ich mein Möglichstes versucht habe. Bisher hatte ich stets das Glück, dass genug zu essen da war und ich ein Dach über dem Kopf hatte. Die Dinge, die ich besitze, sehe ich als Hilfsmittel an. Kein einziges von ihnen halte ich jedoch für unentbehrlich. Ohne Laptop würde ich vielleicht nicht mehr schreiben und ohne Kamera keine Fotografien mehr machen, aber die Qualität auch nur eines einzigen Augenblicks in meinem Leben würde dadurch in keiner Weise beeinträchtigt. Wirklich unverzichtbar war für mich, meinen spirituellen Meistern zu begegnen und ihre Unterweisungen zu erhalten. Das hat mir mehr als genug gegeben, um darüber bis ans Ende meiner Tage meditieren zu können!

Mögen die in diesem Buch zusammengetragenen Anregungen und Ideen allen Wesen als winzig kleine Lichter entlang des Weges zu momentanem und letztendlichem Glück dienen. Das wünsche ich mir von ganzem Herzen.

Solange der unermessliche Raum Bestand hat
und solange es empfindende Wesen gibt,
möge auch ich ausharren,
um das Leid aus der Welt zu verbannen.

Shantideva

Wohlbefinden

Mit *Glück* meine ich das tief empfundene Gefühl eines auf innerem Reichtum, ja Überfluss beruhenden Wohlbefindens, das einem besonders gesunden Geist entspringt. Dieses ist nicht einfach nur ein angenehmes Gefühl, eine flüchtige Emotion oder Stimmung, sondern ein nicht zu übertreffender Seinszustand. Glück beinhaltet aber auch, die Welt auf eine bestimmte Art und Weise deuten zu können. Denn die Welt zu ändern mag schwierig sein, die Art und Weise, wie wir sie betrachten, können wir hingegen jederzeit ändern.

Ein Seinszustand

Ich erinnere mich an einen Nachmittag, an dem ich auf der Treppe zu unserem Kloster saß. Die Monsunstürme hatten den Vorplatz in eine Art Schlammsee verwandelt, und wir hatten einen kleinen Trampelpfad aus Ziegelsteinen angelegt. Nach einiger Zeit tauchte eine Bekannte am Rand der riesigen Wasserlache auf, betrachtete die Szenerie angewidert und beklagte sich, während sie herüberkam, über jeden einzelnen Ziegelstein. Bei mir angelangt, verdrehte sie die Augen und sagte: »Igitt! Und wenn ich nun in diesen widerlichen Dreck gefallen wäre? In diesem Land ist alles so schmutzig!«

Ein paar Minuten später kam Raphaèle, eine andere Bekannte, und hüpfte über den Ziegelsteinpfad durch das morastige Gelände. »Hopp, hopp«, sang sie dabei vor sich hin, bis sie mit dem Ausruf: »Was für ein Spaß!« trockenes Land erreichte. Ihre Augen strahlten, als sie hinzufügte: »Das Großartige am Monsun ist, dass es dann keinen Staub gibt.«

Zwei Menschen, zwei Sichtweisen; sechs Milliarden Menschen, sechs Milliarden Welten.

Unsere wahre Natur

Jedes Wesen trägt das Potenzial zur Vervollkommnung in sich, so wie jedes Sesamkörnchen von Öl durchtränkt ist. *Unwissenheit* bedeutet in diesem Zusammenhang, sich dieses Potenzials nicht bewusst zu sein; wie ein Bettler, der nichts weiß von dem unter seiner schäbigen Hütte vergrabenen Schatz. Die Verwirklichung unserer wahren Natur, die Inbesitznahme dieses verborgenen Schatzes, ermöglicht uns ein sinnvolles, erfülltes Leben. Das ist der sicherste Weg zu innerem Frieden und echter Selbstlosigkeit.

Geld macht nicht glücklich

In der Hoffnung, dass Geld uns glücklicher machen wird, arbeiten wir, um möglichst viel Geld zu verdienen. Haben wir es schließlich verdient, sind wir wie besessen von der Idee, es zu mehren. Und wenn wir es verlieren, leiden wir.

Ein Freund aus Hongkong erzählte mir einmal von einem Versprechen, das er sich selbst gegeben hatte: Er werde eine Million Dollar sparen, dann seine Arbeit aufgeben, um das Leben zu genießen und auf diese Weise glücklich zu werden. Zehn Jahre später besaß er nicht eine, sondern drei Millionen. Und wie stand es nun um sein Glück? Die Antwort war kurz und bündig: »Ich habe zehn Jahre meines Lebens vergeudet.«

Wir streben nach Wohlstand, Vergnügen, Status und Macht, um glücklich zu werden. Aber irgendwann vergessen wir den eigentlichen Zweck und vertun unsere Zeit damit, den Mitteln hinterherzujagen. So verfehlen wir das Ziel, und was bleibt, ist ein Gefühl tiefer Unzufriedenheit. Diese Verwechslung von Mittel und Zweck ist eine der größten Fallen auf dem Weg zu einem sinnerfüllten Leben.

Die Kraft des Geistes

Wenn wir über Jahre hinweg beharrlich versuchen, unsere Gedanken zu bändigen, negativen Emotionen Einhalt zu gebieten und positive zu nähren, werden unsere Bemühungen zweifellos zu Ergebnissen führen, die zunächst unerreichbar schienen. Wir staunen, wenn ein Sportler es schafft, zwei Meter fünfzig hoch zu springen. Hätten wir es nicht im Fernsehen gesehen, würden wir nicht glauben, dass dies überhaupt möglich ist, wo doch, wie wir wissen, die meisten von uns nicht einmal einen Meter fünfzig schaffen. Im Hinblick auf körperliche Leistungen stoßen wir schnell an Grenzen, aber der Geist ist weit flexibler. Wieso sollte es beispielsweise Grenzen für Liebe und Mitgefühl geben? Vielleicht bringen wir unterschiedliche Voraussetzungen mit, um diese menschlichen Qualitäten zu entwickeln, aber jeder von uns verfügt über das Potenzial, durch aufrichtiges Bemühen im Laufe seines Lebens kontinuierlich Fortschritte zu machen.

Wir haben die Wahl

Glück wird uns nicht geschenkt und Leid nicht aufgezwungen. Wir stehen in jedem Augenblick am Scheideweg und müssen uns entschließen, diese oder jene Richtung einzuschlagen.

Wir sind frei

Wir sind wie Vögel, die zu lange in einem Käfig gelebt haben und wieder in ihn zurückkehren, obgleich sich ihnen Gelegenheit bietet, fortzufliegen. Wir haben uns so an unsere Unzulänglichkeiten gewöhnt, dass wir uns kaum vorstellen können, wie sich das Leben ohne sie anfühlen würde. Bei der Aussicht auf Veränderung ist uns ganz flau zumute.

Meditation: Aufmerksamkeit entwickeln

Setzen Sie sich in Meditationshaltung still hin und richten Sie Ihre ganze Aufmerksamkeit auf ein bestimmtes Objekt. Es kann ein Gegenstand in Ihrem Zimmer sein, aber auch Ihr Atem oder Ihre Gedanken. Nach kurzer Zeit wird der Geist unweigerlich abschweifen. Sobald das geschieht, bringen Sie die Aufmerksamkeit jedes Mal wieder zu dem Bezugsobjekt Ihrer geistigen Sammlung zurück – wie ein Schmetterling, der sich immer wieder auf einer Blüte niederlässt, um von deren Nektar zu saugen. Indem Sie damit fortfahren, wird die Zeitspanne der inneren Sammlung länger und der Geist klarer. Wenn Sie schläfrig werden, nehmen Sie einfach eine aufrechtere Haltung ein und richten den Blick ein klein wenig nach oben, um die Achtsamkeit wieder zu erhöhen. Stellt sich dagegen innere Unruhe ein, können Sie eine etwas entspanntere Sitzposition einnehmen und die Blickrichtung leicht nach unten korrigieren, damit innere Spannungen sich lösen können.

Wahres Glück

Wahres Glück strahlt spontan als Freude nach außen. Innere Freude äußert sich aber nicht unbedingt in Überschwang, sondern in tiefer Dankbarkeit für den gegenwärtigen Moment, der sich in den nächsten Moment ausdehnen kann und so ein Kontinuum entstehen lässt, das man als Lebensfreude bezeichnen könnte.

Leb dich aus!

»Sich ausleben« ist zum Leitmotiv des modernen Menschen geworden – eine notorische Hyperaktivität ohne Pause. Ein randvoller Terminkalender als Gewähr dafür, dass wir auf keinen Fall ganz uns selbst überlassen bleiben. Ob es sinnvoll ist, spielt keine Rolle, solange es nur intensiv ist. Wir glauben, ohne ständige Aktivität wäre unser Leben sterbenslangweilig. Freunde, die Studienreisen durch Asien organisieren, haben mir erzählt, die Teilnehmer könnten nicht die geringste Lücke im Reiseablauf ertragen, kein bisschen Leerlauf. »Steht zwischen fünf und sieben wirklich gar nichts auf dem Programm?«, fragen sie besorgt.

Wie es scheint, fürchten wir uns davor, den Blick nach innen – auf uns selbst – zu richten. Wir sind ganz und gar auf die Außenwelt fixiert, auf ihre Wahrnehmung mit den fünf Sinnen. Zu glauben, eine so fieberhafte Suche nach intensiver Erfahrung könne zu dauerhafter Erfüllung und Lebensqualität beitragen, erscheint naiv.

Ein plötzliches Hoch

Durch plötzlichen Ruhm oder plötzlichen Reichtum, so stellen wir uns vielleicht vor, würden auf einen Schlag all unsere Wünsche und Träume wahr werden. Aber in den meisten Fällen ist die Befriedigung durch solche Errungenschaften nur von kurzer Dauer und trägt nichts zur Steigerung unseres Wohlbefindens bei.

Pseudofreuden

Wir alle wissen, wie raffiniert die heutige Konsumgesellschaft uns mit immer neuen Kreationen unermüdlich Pseudofreuden vorgaukelt. Die nicht enden wollende Flut generalstabsmäßig geplanter und durchgeführter Werbekampagnen soll uns in einem emotionalen Spannungszustand halten, der zu einer Art geistiger Betäubung führen kann.

Ein tibetischer Freund betrachtete einmal nachdenklich die blinkenden Leuchtreklametafeln in New York und sagte: »Sie versuchen, unseren Geist zu stehlen.«

Untersuchung der Glücksursachen

Nehmen Sie sich einen Moment Zeit, um allein und in Stille herauszufinden, was Sie wirklich glücklich macht. Hängt Ihr Glück hauptsächlich von äußeren Umständen ab? Wie viel davon ist auf Ihre innere Haltung und Ihre Art und Weise, die Welt zu erleben, zurückzuführen? Falls Ihr Glück auf äußeren Umständen beruht, sollten Sie überprüfen, inwieweit auf diese Verlass ist. Und falls Sie es einem Zustand des Geistes verdanken, können Sie sich fragen, wie sich dieser noch weiter kultivieren lässt.

Unglücklichsein ist eine Entscheidung

Leid kann durch vielerlei Dinge verursacht werden, über die wir manchmal eine gewisse Kontrolle haben, ein andermal hingegen nicht die geringste. Eine angeborene Behinderung, eine Erkrankung, der Verlust eines geliebten Menschen, der Ausbruch eines Krieges oder eine Naturkatastrophe – all das sind Dinge, die wir nicht unter Kontrolle haben. Sich unglücklich zu fühlen ist allerdings etwas ganz anderes, denn hier geht es um *die Art und Weise, wie wir Leid erfahren.* Niedergeschlagenheit kann natürlich mit körperlichem oder seelischem Schmerz zusammenhängen, der durch äußere Umstände hervorgerufen wurde, ist jedoch nicht *notwendigerweise* mit diesem verbunden.

Eine Untersuchung unter Quadriplegikern – also Menschen, bei denen eine Querschnittslähmung sich auf alle vier Gliedmaßen erstreckt – ergab, dass ein Jahr nach Auftreten der Lähmung nur noch zehn Prozent der Befragten ihr Leben als furchtbar empfanden, obwohl sie in der Mehrzahl direkt nach dem Geschehnis an Selbstmord gedacht hatten. Die meisten beurteilten ihre Lebensqualität positiv.

Dauerhaftes Glück

Jeder von uns ist irgendwann schon einmal Menschen begegnet, deren Leben bei jedem Atemzug von Glück erfüllt ist. Dieses Glück spiegelt sich in all ihren Gesten, und ihre Worte scheinen von dieser Glücksempfindung mit solcher Kraft durchdrungen zu sein, dass man einfach nicht darüber hinwegsehen kann. Ohne sich dabei selbst sonderlich wichtig zu nehmen, erklären manche von ihnen unumwunden, sie hätten tief im Innern zu einem Glück gefunden, das von allen äußeren Ereignissen und Situationen unberührt bleibe.

Loslassen

Weit weniger düster ist meine Erinnerung an eine Zugfahrt durch Indien, die ich unter ziemlich schwierigen und chaotischen Bedingungen unternahm. Ich hatte einen Sitzplatz reserviert – eigentlich eine gute Idee angesichts einer 36-stündigen Reise. Dann wurde jedoch, wie ich feststellen musste, mein Waggon gar nicht an den Zug angehängt, sodass ich mich schließlich in einem restlos überfüllten Ersatzwagen wiederfand, in dem es weder Abteile noch Fensterscheiben gab. In einer Holzkoje zwischen einem halben Dutzend frierender Mitreisender eingezwängt (es war Januar), beobachtete ich Hunderte von Passagieren, die auf ihren Bänken zusammengepfercht waren oder auf dem Boden saßen. Zu allem Überfluss hatte ich hohes Fieber und Rückenschmerzen. Wir fuhren durch Bihar, einen wegen seiner Banditen berüchtigten Landesteil, und die Reisenden hatten ihr Gepäck, so gut es ging, festgezurrt und gesichert.

Aufgrund meiner Erfahrung mit Indienreisen hatte ich meine Aktentasche mit dem Laptop und der Arbeit eines ganzen Monats in einer scheinbar sicheren Ecke der oberen Pritsche verstaut. Trotzdem wurde sie von einem Dieb entwendet, der sie anscheinend mithilfe eines Hakens von der Nachbarkoje aus an sich gebracht hatte. Bei Einbruch der Dunkelheit bemerkte ich, was passiert war, und dann fiel auch noch das Licht für mehrere Stunden aus. Da lag ich nun, eingehüllt in meinen Schlafsack, und lauschte dem Fluchen der Reisenden, die verzweifelt versuchten, in der Dunkelheit ihr Gepäck zu bewachen. Plötzlich stellte ich fest, dass ich überhaupt nicht aufgebracht war – im Gegenteil, ich fühlte mich unendlich leicht und empfand ein überwältigendes Gefühl von Glück und Freiheit.

Vielleicht denken Sie jetzt, ich müsse wohl im Fieberwahn gewesen sein, doch ich war geistig ganz klar, und der Kontrast zwischen der äußeren Situation und meinem Gefühl erschien mir so grotesk, dass ich in der Dunkelheit in lautes Gelächter ausbrach. Das war eindeutig kein Fall von »Glücksgefühl durch Erleichterung«, sondern die Erfahrung einer tiefen Gelassenheit, die durch besonders unangenehme äußere Umstände nur noch stärker ins Bewusstsein trat. Es war ein Augenblick des »Loslassens«, jener Zustand inneren Friedens, den man nur in sich selbst finden kann und der daher auch von äußeren Umständen völlig unabhängig ist. Wir können die Existenz angenehmer und unangenehmer Umstände nicht leugnen, aber sie sind belanglos im Vergleich zu echtem Wohlbefinden. Solche Erfahrungen halfen mir zu erkennen, dass es auf jeden Fall möglich ist, in einem dauerhaften Glückszustand zu leben.

Glück, ein Zustand des Geistes?

Wenn Glück tatsächlich in einer bestimmten Lebenseinstellung besteht, einem Geisteszustand, einem Zustand innerer Freiheit, gibt es im Grunde nichts, was uns davon abhalten kann, es zu erreichen.

Das Glück des Weisen

Wenn der Weise glücklich sein kann, dann muss Glück möglich sein. Ein ganz wesentlicher Punkt, da so viele Menschen glauben, wahres Glück sei unerreichbar. Der Weise und die durch ihn verkörperte Weisheit sind kein unerreichbares Ideal, sondern ein lebendiges Beispiel. Und genau diese Beispiele brauchen wir als Bezugspunkte im Alltag, um besser zu verstehen, wohin die eigene Entwicklung gehen kann.

Spirituelle Praxis

Spirituelle Praxis kann uns sehr weit voranbringen. Und es kann schon eine ernst zu nehmende spirituelle Übung sein, wenn man sich jeden Tag ein bisschen Zeit zum Meditieren nimmt. Das tun mehr Menschen, als Sie vielleicht glauben, obwohl sie ein Familienleben führen und beruflich eingespannt sind. Die positiven Auswirkungen einer solchen Lebensweise machen die kleinen Probleme, die es uns bereitet, ein paar Minuten Meditation in unserem Tagesablauf unterzubringen, mehr als wett. Wir können damit eine innere Transformation in Gang bringen, die in der Realität unseres Alltags verankert ist.

Als ich noch am Institut Pasteur gearbeitet und mitten im Getriebe des Pariser Lebens gesteckt habe, kamen mir die wenigen Momente, die ich mir täglich für meine Kontemplationsübung frei hielt, enorm zugute. Wie ein feiner Duft lagen sie über den täglichen Aktivitäten und verliehen ihnen eine völlig neue Qualität.

Mit Kontemplation meine ich nicht einfach nur einen Moment der Entspannung, sondern eine Wendung des Blicks nach innen. Es ist überaus lohnend, zu beobachten, wie Gedanken auftauchen, und den Zustand der Gelassenheit und Einfachheit wahrzunehmen, der hinter den – traurigen oder freudigen – Gedanken stets gegenwärtig ist. Das ist gar nicht so schwierig, wie es zunächst vielleicht klingt. Sie müssen nur ein bisschen Zeit investieren, um die positiven Auswirkungen dieser Übungen zu erfahren und ihre Segnungen schätzen zu lernen.

Einführung in die Meditation

Ungeachtet der äußeren Lebensumstände ist in Ihnen ein Wachstumspotenzial vorhanden: für Herzensgüte, Mitgefühl und inneren Frieden. Versuchen Sie, mit diesem Potenzial, das wie ein kleines Goldstück stets in Ihrem Herzen und Ihrem Geist gegenwärtig ist, in Kontakt zu kommen. Dieses Potenzial gilt es zu entwickeln und zur Reife zu bringen, damit sich ein stabiles Gefühl des Wohlbefindens einstellen kann. Das geschieht allerdings nicht von allein. Genau wie bei anderen Fertigkeiten bedarf es einiger Übung. In einem ersten Schritt sollten Sie sich mehr mit dem eigenen Geist vertraut machen. Das ist der Beginn der Meditation.

Setzen Sie sich still hin, und achten Sie darauf, dass Ihre Haltung bequem, aber stabil ist. Ob Sie nun mit gekreuzten Beinen auf einem Kissen oder, konventioneller, auf einem Stuhl sitzen, tun Sie es mit möglichst geradem Rücken, ohne sich dabei anzuspannen. Die Hände können auf den Knien, den Oberschenkeln oder im Schoß ruhen.

Halten Sie den Blick ein wenig in den vor Ihnen befindlichen Raum gerichtet, und atmen Sie ganz natürlich.

Beobachten Sie, wie die Gedanken kommen und gehen. Anfangs haben Sie vielleicht den Eindruck, dass die Gedanken, anstatt zur Ruhe zu kommen, zu einem tosenden Wasserfall anschwellen.

Beobachten Sie einfach, wie sie auftauchen, lassen Sie die Gedanken kommen und gehen. Versuchen Sie weder, sie zu unterdrücken, noch sollten Sie ihnen Nahrung geben.

Nehmen Sie sich am Ende der Übung ein wenig Zeit, um die Wärme und Freude zu genießen, die entstehen, sobald der Geist ein wenig zur Ruhe kommt.

Die Geschichte der Menschheit

Vor langer Zeit wurde der Sohn eines persischen Königs zusammen mit dem Sohn des Großwesirs aufgezogen, und die beiden wurden zu unzertrennlichen Freunden. Als der Prinz den Thron bestieg, sagte er zu seinem Freund: »Während ich mich um die Angelegenheiten des Königreiches kümmere, schreibe du mir bitte die gesamte Geschichte der Welt und der Menschheit auf, damit ich daraus die notwendigen Lehren ziehen kann und weiß, wie ich zu handeln habe.«

Der Freund des Königs sprach mit den berühmtesten Historikern, den angesehensten Gelehrten und geachtetsten Weisen. Fünf Jahre später sprach er stolz im Palast vor, um sein Werk zu präsentieren. »Majestät«, sagte er, »hier sind sechsunddreißig Bände, in denen die gesamte Geschichte der Welt vom Anbeginn der Schöpfung bis zu Ihrer Thronbesteigung enthalten ist.«

»Sechsunddreißig Bände«, rief der König aus, »wie soll ich je Zeit finden, sie zu lesen? Ich bin viel zu sehr davon in Anspruch genommen, mein Königreich zu verwalten und mich außerdem um meine zweihundert Königinnen zu kümmern. Bitte, mein Freund, bringe mir eine Zusammenfassung deines Werks.«

Zwei Jahre später kehrte der Freund mit zehn Bänden in den Palast zurück. Aber der König führte gerade Krieg gegen den Herrscher des Nachbarreiches. Sein Freund fand ihn auf einem Hügel in der Wüste, von wo aus er seine Truppen befehligte. »Während wir hier miteinander reden, stehen die Geschicke unseres Reiches auf dem Spiel. Wie soll ich da Zeit finden, zehn Bände zu lesen? Bitte kürze deine Weltgeschichte noch einmal.«

Der Sohn des Wesirs begab sich auf den Heimweg und überarbeitete sein Werk drei weitere Jahre lang, bis er ein einziges Buch fertiggestellt hatte, das die Quintessenz der zehn Bände beinhaltete. Aber nun war der König gerade damit beschäftigt, Gesetze zu erlassen. »Du Glücklicher konntest dir die Zeit nehmen, in Ruhe an deinem Werk zu arbeiten. Während du damit beschäftigt warst, habe ich über Steuern und ihre

Eintreibung debattiert. Bitte bringe mir eine zehnmal kürzere Fassung. Ich werde mir dann einen Abend lang Zeit nehmen, sie zu studieren.«

Nach zwei weiteren Jahren war auch das geschafft. Aber als der Freund zum Palast zurückkehrte, fand er den König schwer krank und unter furchtbaren Schmerzen leidend im Bett. Auch der Freund war nicht mehr jung. Ein weißer Haarkranz umrahmte sein faltiges Gesicht.

»Nun?«, flüsterte der im Sterben liegende König, »... die Geschichte der Menschheit?« Sein Freund blickte ihm fest in die Augen, und kurz bevor der König seinen letzten Atemzug tat, sagte er: »Sie leidet, Majestät.«

Die Ursachen des Leids

Jeder von uns ist dazu imstande, die Ursachen des Leids zu untersuchen und sich Schritt für Schritt von diesen zu befreien. Jedem von uns steht die Möglichkeit offen, die Schleier der Unwissenheit zu lüften, selbstsüchtige und fehlgeleitete Wünsche, die ins Unglück führen, aufzugeben, sich in den Dienst der anderen zu stellen und zu dem vorzudringen, was das Menschsein eigentlich ausmacht. Wie groß die Aufgabe ist, ist zweitrangig. Entscheidend ist, wie mutig wir sind.

Alles ist veränderlich

Alles, was geschieht, hat eine Ursache. Welches Inferno wird nicht durch einen Funken ausgelöst, welcher Krieg nicht durch Gedanken des Hasses, der Angst oder der Habgier? Welcher innere Schmerz wuchs nicht auf dem fruchtbaren Boden des Neids, der Feindseligkeit, der Eitelkeit oder – noch grundlegender – der Unwissenheit? Jede zur Wirkung werdende Ursache muss veränderlich sein, weil nichts vollkommen eigenständig und unveränderlich existieren kann. Da es aber veränderlichen Ursachen entspringt, ist Unglück selbst der Veränderung unterworfen und kann transformiert werden. Es gibt also weder ursprüngliches noch ewiges Leid.

Das Leid beenden

In wenigen Worten zusammengefasst, kommt es darauf an, dass wir:

das Leid erkennen,
seine Ursache beseitigen
und ihm ein Ende bereiten,
indem wir mithilfe unserer Praxis
den Weg beschreiten.

Unerschütterlich sein

Worin besteht denn der Unterschied zwischen dem Weisen und dem gewöhnlichen Menschen? Der Erstgenannte empfindet bedingungslose Liebe für die Leidenden und kann alles in seiner Macht Stehende zur Linderung ihres Schmerzes tun, ohne dass seine erleuchtete Sicht der Dinge ins Wanken gerät. Für andere da zu sein, ohne sich der Verzweiflung anheimzugeben, wenn die natürlichen Ereignisse von Leben und Tod ihren Lauf nehmen, das macht hier den entscheidenden Unterschied.

Der Tod ist Teil des Lebens

Seit ein paar Jahren bin ich mit einem Mann jenseits der sechzig befreundet, einem Sikh mit schönem weißem Bart, der am Flughafen von Delhi arbeitet. Jedes Mal, wenn ich dort vorbeikomme, trinken wir eine Tasse Tee zusammen und unterhalten uns über alle möglichen philosophischen und spirituellen Themen, wobei wir jeweils da wieder an das Gespräch anknüpfen, wo wir ein paar Monate zuvor aufgehört hatten.

Eines Tages sagte er zu mir: »Vor ein paar Wochen ist mein Vater gestorben. Ich bin völlig verzweifelt, weil mir sein Tod so ungerecht erscheint. Ich kann es nicht verstehen, und ich kann es auch nicht akzeptieren.«

Trotzdem kann man die Welt an sich nicht als ungerecht bezeichnen. Denn sie spiegelt einfach nur die Gesetze von Ursache und Wirkung wider; und Vergänglichkeit – die Unbeständigkeit aller Dinge – ist ein natürliches Phänomen.

So behutsam wie möglich erzählte ich ihm die Geschichte von der Frau, die, vom Schmerz über den Tod ihres Sohnes überwältigt, zum Buddha kam und ihn anflehte, den Jungen wieder zum Leben zu erwecken. Der Buddha sagte ihr, dazu benötige er eine Handvoll Erde von einem Haus, in dem noch nie jemand gestorben sei. Nachdem die Frau alle Häuser des Dorfes aufgesucht und erkannt hatte, dass keines vom Tod verschont geblieben war, kehrte sie zum Buddha zurück, der sie mit Worten voller Liebe und Weisheit tröstete.

Trauer ohne Verzweiflung

Ich erzählte meinem Freund auch die Geschichte von Dza Mura Tulku, einem spirituellen Meister, der Anfang des 20. Jahrhunderts in Tibet gelebt hatte. Er hatte eine Familie und empfand sein Leben lang eine tiefe Zuneigung zu seiner Frau, die von dieser erwidert wurde. Nichts unternahm er ohne sie und sagte oft, dass er sie nicht lange überleben könne, sollte sie einmal vor ihm sterben. Und dann starb sie plötzlich. Besorgt eilten die Freunde und Schüler des Meisters an seine Seite. Da sie sich an seine Aussagen erinnerten, wagte keiner, ihm zu erzählen, was geschehen war.

Schließlich nahm einer der Schüler all seinen Mut zusammen und berichtete dem Meister so taktvoll wie möglich, dass seine Frau gestorben war. Die befürchtete Reaktion blieb indes aus. Der Meister blickte sie ruhig an und sagte: »Warum schaut ihr so verstört drein? Lebewesen und Dinge sind vergänglich. Wie oft habe ich euch das gesagt? Sogar der Buddha musste die Welt verlassen.«

Da er seine Frau so sehr liebte, empfand er bestimmt tiefe Trauer. Doch die Liebe zu seiner Frau wäre nicht wertvoller geworden, wenn er zugelassen hätte, dass ihn die Verzweiflung überwältigte. Für ihn war es wichtiger, still für die Verstorbene zu beten und ihr dieses Gebet zu widmen.

Schwäche in Stärke verwandeln

Manche Menschen haben in der frühen Kindheit so wenig Liebe und so viel Leid erfahren, dass tiefe Verletzungen zurückgeblieben sind. Im Innern einen Ort des Friedens und der Liebe zu finden ist für sie sehr schwierig. Infolgedessen fällt es ihnen entsprechend schwer, anderen Menschen wirklich zu vertrauen. Allerdings entwickeln einige von ihnen eine heilsam wirkende und Kraft verleihende Fähigkeit, sich nicht unterkriegen zu lassen, mit deren Hilfe sie aus schwierigen Situationen weniger verletzt hervorgehen, diese Geschehnisse in persönliche Stärken verwandeln und ihren Weg durchs Leben finden.

Die Möglichkeit der Veränderung

Leidvolle Erfahrungen können unser Lehrmeister sein, sofern wir sie weise zu nutzen verstehen. Finden wir uns aber nach dem simplen Motto: »So ist das Leben nun einmal!« mit ihnen ab, verzichten wir von vorneherein auf die Möglichkeit der Veränderung, die jedem von uns offensteht und verhindern kann, dass das Leid scheinbar unaufhaltsam in Niedergeschlagenheit mündet. Falls schwierige Erfahrungen wie Krankheit, Feindseligkeit, Kritik oder »Pech« uns nicht aus der Bahn werfen, bedeutet das keineswegs, dass uns bestimmte Ereignisse nicht treffen oder dass wir solche Hindernisse für immer überwunden haben – sie behindern uns nur nicht länger auf unserem Weg zu innerer Freiheit. Wollen wir uns vom Leid nicht zerstören lassen und es wie einen Katalysator nutzen, dürfen wir nicht zulassen, dass Angst, Verzweiflung und Mutlosigkeit von uns Besitz ergreifen. Meister Shantideva schrieb im 8. Jahrhundert: »Warum sollte ich über etwas, dem sich abhelfen lässt, unglücklich sein? Ist hingegen keine Abhilfe möglich, wozu wäre es dann gut, unglücklich zu sein?«

Visualisierung

Versuchen Sie, sich beim Auftreten starker Emotionen, wie Begierde, Neid, Hochmut, Aggression oder Habgier, eine Situation vorzustellen, die inneren Frieden begünstigt.

Versetzen Sie sich geistig ans Ufer eines stillen Sees oder auf einen Berggipfel mit weitem Ausblick. Stellen Sie sich vor, wie Sie innerlich ruhig und gelassen dasitzen und Ihr Geist so offen, weit und klar ist wie ein wolkenloser Himmel oder so glatt wie die Meeresoberfläche bei Windstille.

Spüren Sie diese Ruhe.

Beobachten Sie, wie der innere Aufruhr nachlässt, und lassen Sie wieder Frieden in Ihrem Geist einkehren. Machen Sie sich bewusst, dass Ihre Wunden, wie tief sie auch sein mögen, niemals die essenzielle Geistesnatur, die allem zugrunde liegende Lichthaftigkeit reinen Gewahrseins, zu erreichen vermögen.

Die Stärke des Geistes

Nach der chinesischen Invasion in Tibet wurde Tenzin Choedrak, der Leibarzt des Dalai Lama, 1959 zusammen mit mehreren Hundert Personen in ein Arbeitslager im Nordosten des Landes gebracht. Nur fünf der Zwangsarbeiter haben überlebt, und er war einer von ihnen. Zwanzig Jahre lang wurde er von einem Lager ins andere verlegt, und oft dachte er, er müsse vor Hunger oder an den Misshandlungen sterben.

Ein auf die Behandlung von Menschen mit posttraumatischem Belastungssyndrom (PTBS) spezialisierter Psychiater, der Dr. Choedrak nach seiner Freilassung untersucht hat, war erstaunt, dass er bei diesem Patienten nicht das geringste Anzeichen von PTBS entdecken konnte. Choedrak verspürte weder Bitterkeit noch Hass, strahlte heitere Gelassenheit aus und litt unter keinem der üblichen psychischen Probleme – Angstzustände, Albträume und Ähnliches. Manchmal, räumte Choedrak ein, habe er seine

Peiniger gehasst. Doch immer wieder, so berichtete er weiter, sei er zu seiner Meditationspraxis zurückgekehrt, der Meditation über inneren Frieden und Mitgefühl. Auf diese Weise vermochte er seinen Lebenswillen aufrechtzuerhalten, was ihn letztlich gerettet hat.

Was könnte ich brauchen?

Seit zwanzig Jahren kenne ich einen Mann, der in der Provinz Bumthang im Herzen des Königreiches Bhutan lebt. Er kam ohne Arme und Beine zur Welt und wohnt am Rand eines Dorfes in einer kleinen Bambushütte. Er verlässt die Hütte nie und liegt gewöhnlich auf seiner Matratze auf dem Hüttenboden. Vor vierzig Jahren war er mit anderen Flüchtlingen, die ihn auf dem Rücken mitgeschleppt hatten, aus Tibet gekommen und lebt seitdem in der winzigen Hütte. Schon die Tatsache, dass er noch am Leben ist, finde ich höchst bemerkenswert. Noch beeindruckender ist indes, welche Lebensfreude er ausstrahlt. Bei meinen Besuchen wirkt er stets gelassen, freundlich und unbefangen. Wenn wir ihm kleine Geschenke wie Nahrungsmittel und warme Decken oder ein Transistorradio mitbringen, sagt er, es sei doch nicht nötig, ihm irgendetwas mitzubringen.

»Was könnte ich denn brauchen?«, erklärt er dann lachend.

Gewöhnlich trifft man ein Kind oder eine ältere Person aus dem Dorf bei ihm an, die mit etwas Wasser, einer Mahlzeit und einem bisschen Dorfklatsch zu ihm gekommen sind. Aber die Leute sagen, sie besuchten ihn vor allem deshalb, weil es ihnen guttue, ein wenig Zeit mit ihm zu verbringen. Und sie können ihn jederzeit um Rat fragen. Gibt es im Dorf ein Problem, kommen die Leute normalerweise zu ihm, um eine Lösung zu finden.

Dilgo Khyentse Rinpoche, mein geistiger Vater, hat ihm manchmal einen Besuch abgestattet, wenn er durch Bumthang kam. Weil unser Freund darum bat, gab Rinpoche ihm dann seinen Segen, wusste aber, dass er diesen mit Sicherheit weniger nötig hatte als die meisten anderen Menschen. Er hatte innerlich sein Glück gefunden – nichts und niemand konnte es ihm mehr nehmen.

Sich im Austausch von Glück und Leid üben

Entwickeln Sie als Erstes eine starke Empfindung von Herzenswärme, Herzensgüte und Mitgefühl mit allen Wesen.

Denken Sie dann an diejenigen, die Ähnliches durchmachen wie Sie – oder vielleicht Schlimmeres. Stellen Sie sich vor, dass Sie mit Ihrem Atem in Form eines kühlen, weißen, Licht verströmenden Nektars beim Ausatmen diesen Menschen all Ihr Glück, all Ihre Freude, Kraft und Gesundheit senden.

Visualisieren Sie, wie die Menschen diesen Balsam, der ihren Schmerz lindert und ihre Hoffnungen in Erfüllung gehen lässt, restlos in sich aufnehmen.

Falls ihr Leben bedroht ist, stellen Sie sich vor, dass sie überleben. Falls sie krank sind, stellen Sie sich vor, dass sie geheilt werden.

Falls sie arm und hilflos sind, stellen Sie sich vor, dass sie bekommen haben, was sie benötigen. Und falls sie unglücklich sind, stellen Sie sich vor, dass sie jetzt von Freude durchdrungen sind.

Visualisieren Sie beim Einatmen Ihr Herz als strahlend helle Kugel.

Stellen Sie sich vor, dass Sie die Krankheiten, die Verwirrung und Geistesgifte dieser Menschen in Form einer dunkelgrauen Wolke in sich aufnehmen, die sich, ohne die geringste Spur zu hinterlassen, im strahlend weißen Licht Ihres Herzens auflöst. Dadurch wird Ihr Leid ebenso transformiert wie das der anderen.

Nicht einmal ansatzweise haben Sie das Gefühl, dass die anderen eine Belastung für Sie darstellen.

Während Sie die leidvollen Erfahrungen der anderen in sich aufnehmen und auflösen, verspüren Sie große Freude, ohne in irgendeiner Weise an ihr anzuhaften. Sie können sich auch vorstellen, dass aus Ihrem Körper unzählige »Doppelgänger« hervorgehen, die durch die ganze Welt reisen und sich in Kleidung für die Frierenden, in Nahrung für die Hungernden oder in Behausungen für die Obdachlosen verwandeln.

Wahre Furchtlosigkeit

Wahre Furchtlosigkeit erwächst aus der Zuversicht, dass es uns in jeder Situation, mit der uns das Leben konfrontiert, gelingen wird, die zu ihrer Bewältigung notwendigen inneren Ressourcen freizusetzen.

Das leere Boot

Sie liegen friedlich in einem Boot, das mitten auf einem See dahintreibt, und halten ein Nickerchen. Plötzlich wird Ihr Boot von einem anderen gerammt, und Sie werden unsanft aus dem Schlaf gerissen. Überzeugt, dass ein ungeschickter oder rücksichtsloser Bootsführer den Zusammenstoß verursacht hat, springen Sie erbost auf, bereit, ihm ein paar passende Worte zu sagen – doch das andere Boot ist leer. Sie lachen über Ihren Irrtum und legen sich wieder hin, um friedlich weiterzudösen. Der *einzige* Unterschied zwischen diesen beiden möglichen Reaktionen besteht darin, dass Sie im ersten Fall glaubten, Ziel der Boshaftigkeit eines anderen zu sein, während Sie im zweiten erkannt haben, dass der ganze Vorgang nicht auf Ihr »Ich« abzielt.

Wichtigkeit

Die Vorstellung, man benötige ein starkes Ego, um im Leben erfolgreich zu sein, rührt zweifellos daher, dass wir das Festhalten an dem Bild, das wir von uns haben, mit der Entschlossenheit verwechseln, unsere innersten Bestrebungen zu verwirklichen. Tatsache ist jedoch, dass es uns umso leichter fällt, innere Stärke zu entwickeln, je weniger wir von einem Gefühl eigener Wichtigkeit beeinflusst werden.

Innere Freiheit

Wir können getrost ein paar Augenblicke unseres Lebens dafür aufwenden, den Geist zur Ruhe kommen zu lassen, um durch eigene Untersuchung und unmittelbare Erfahrung herauszufinden, welcher Platz dem Ego in unserem Leben zukommt. Es lohnt sich. Solange unser Leben von dem Gefühl beherrscht wird, das Ego sei von größter Wichtigkeit, werden wir dauerhaften inneren Frieden niemals kennenlernen. Die eigentliche Quelle von Schmerz und Leid tief im Innern kann so nicht versiegen, und die größte aller Freiheiten wird uns versagt bleiben.

Das Leben in die Hand nehmen

Frei zu sein heißt, sein Leben in die eigenen Hände zu nehmen, anstatt den durch Gewohnheit und aus geistiger Verwirrung entstandenen Neigungen die Federführung zu überlassen. Wenn ein Segler das Steuerruder verliert, die Segel im Wind flattern lässt und das Boot der Strömung überantwortet, sprechen wir nicht von Freiheit – wir nennen das »sich treiben lassen«. Hier bedeutet Freiheit: das Ruder fest in der Hand halten und Kurs auf das vorgesehene Ziel nehmen.

Freiheit in diesem Sinn ermöglicht es uns, im Alltag anderen Menschen offen und geduldig gegenüberzutreten, während wir zugleich der Richtung treu bleiben, die einzuschlagen wir für uns selbst beschlossen haben. Und zu wissen, wo es langgehen soll in unserem Leben, ist wahrhaftig etwas ganz Essenzielles.

Bei Trekking-Touren im Himalaya etwa ist man oft tage- oder wochenlang zu Fuß unterwegs. Man leidet unter der Kälte, der Höhe, den Schneestürmen. Da man aber mit jedem Schritt dem Ziel näher kommt, sind die Anstrengungen, die es kostet, dieses Ziel zu erreichen, mit Freude verbunden. Verirrt man sich hingegen und findet sich dann ohne Orientierung in einem unbekannten Tal oder Waldstück wieder, verlässt einen augenblicklich der Mut. Die Last der Erschöpfung und Einsamkeit wird plötzlich übermächtig, die Angst riesengroß und jeder Schritt zur Qual. Man verliert den Willen, weiterzugehen, will sich nur noch hinsetzen und seiner Verzweiflung anheimgeben. Vielleicht rühren die Angst und die Sorgen mancher Menschen von der Ziellosigkeit ihres Lebens her, von dem Versäumnis, zu erkennen, welches Veränderungspotenzial ihnen innewohnt, und dieses zu nutzen.

Ständiger Wandel

Diese Gedankenströme und Geisteszustände unterliegen ständig der Veränderung – so wie Wolken im Wind ihre Form verändern. Wir aber messen ihnen große Bedeutung bei. Ein alter Mann, der spielenden Kindern zuschaut, weiß sehr wohl, dass ihre Spiele keine große Tragweite haben. Was sich dort abspielt, macht ihn weder froh, noch regt es ihn auf, während die Kinder alles sehr ernst nehmen. Wir sind ganz genau wie sie.

Mit Emotionen Frieden schließen

Wie können wir mit unseren Emotionen Frieden schließen?

Zuerst müssen wir uns der erbarmungslosen Realität des Leids, das wir mit uns herumtragen, stellen. Statt ihm aus dem Weg zu gehen oder es in einer dunklen Ecke des Geistes zu verbergen, sollten wir es zum Gegenstand unserer Meditation machen – ohne über die Ereignisse nachzugrübeln, die für uns zur Ursache von Schmerz und Leid geworden sind, und ohne uns jede Aufnahme aus dem Film unseres Lebens einzeln anzuschauen.

Warum ist es in diesem Stadium unnötig, bei den weit zurückliegenden Ursachen des Leids zu verweilen? Der Buddha hat uns das anhand der folgenden Metapher vor Augen geführt: Fragt sich ein Mann, der gerade von einem Pfeil in die Brust getroffen worden ist: »Aus welchem Holz mag der Pfeil bestehen? Von welchem Vogel stammen die Federn? Welcher Pfeilmacher hat ihn hergestellt? War der Schütze ein guter Mensch oder ein Schurke?«

Ganz gewiss wird er sich nicht solche Fragen stellen, sondern seine erste Sorge wird sein, wie er den Pfeil aus der Brust herausbekommt. Werden wir von einem Gefühl des Schmerzes überwältigt, gilt es also zunächst, uns diese Empfindung unmittelbar anzuschauen, um herauszufinden, durch welche Gedanken sie ausgelöst oder angefacht wird. Wenn wir unser Augenmerk dann auf die Emotion selbst richten, löst sie sich allmählich auf – wie Schnee, der in der Sonne schmilzt. Außerdem werden wir, wenn die Emotion an Kraft verloren hat, die Ursachen, durch die sie ausgelöst wurde, nicht mehr als so tragisch empfinden, und wir haben die Chance, aus dem Teufelskreis der negativen Gedanken auszubrechen.

Die Qualität des Geistes

Unzählige Gedanken, ausgelöst durch Empfindungen, Erinnerungen und Vorstellungen, gehen uns unaufhörlich durch den Kopf. Zugleich aber ist jederzeit eine bestimmte Geistesqualität gegenwärtig, ganz gleich, mit welchen Gedanken wir uns gerade beschäftigen. Diese Qualität ist jenes ursprüngliche Gewahrsein, das allen Gedanken zugrunde liegt; sie ist das, was bleibt, wenn der Geist in seltenen Momenten still, fast reglos verweilt, wobei sein Einsichts- oder Erkenntnisvermögen bestehen bleibt. Dieses Erkenntnisvermögen, diese einfache, offene Präsenz, können wir als reines Gewahrsein bezeichnen, da es selbst dann noch vorhanden ist, wenn der Geist keinerlei Gedanken hervorbringt.

Reines Gewahrsein

Gedanken gehen aus reinem Gewahrsein hervor und werden anschließend wieder von ihm aufgenommen: wie Wellen, die sich im Meer auftürmen und dann wieder darin verschwinden. Das zu verstehen, wirklich zu verstehen, ist gleichbedeutend mit einem großen Sprung in Richtung inneren Friedens. Von da an haben die Gedanken viel von ihrer Macht über uns verloren. Um sich mit dieser Methode vertraut zu machen, sollten Sie versuchen, einen auftauchenden Gedanken bis zu seinem Ursprung zurückzuverfolgen. Und wenn er verschwindet, sollten Sie sich fragen, wohin er verschwunden ist. In jenem kurzen Augenblick, in dem der Geist frei und unbelastet ist von allem begrifflichen Denken, können Sie sich der Kontemplation über seine Natur widmen. Genau in dem Moment, in dem die vorangegangenen Gedanken verstummt und die nachfolgenden Gedanken noch nicht aufgetaucht sind, wird reines, lichthaftes Gewahrsein erkennbar, unverfälscht von Vorstellungen und Projektionen. Ausgehend von solch unmittelbarer Erfahrung, werden Sie allmählich verstehen, was der Buddhismus unter der Natur des Geistes versteht.

Im Gewahrsein ruhen

Schauen Sie nach, was hinter dem Vorhang des begrifflichen Denkens steckt. Versuchen Sie, dort eine wache Präsenz zu finden, die von allen Gedanken frei ist – durchscheinend, lichthaft, unbeeinträchtigt durch Gedanken an Vergangenheit, Gegenwart oder Zukunft. Versuchen Sie, frei von Vorstellungen im gegenwärtigen Moment zu verweilen. Achten Sie darauf, wie die Lücke zwischen den Gedanken beschaffen ist. Dehnen Sie den Zeitraum zwischen dem Verschwinden des einen und dem Auftauchen des nächsten Gedankens ganz allmählich aus. Verweilen Sie in einem Zustand der Einfachheit, frei von Gedanken und dennoch vollkommen bewusst: unangestrengt, zugleich wach und achtsam.

Der weite Ozean

Es ist unerlässlich, dass wir die Fähigkeit, den inneren Horizont zu erweitern, entwickeln und aufrechterhalten. Eigene Gedanken und äußere Geschehnisse sind dann wie Sterne, die sich auf der still daliegenden Oberfläche eines unermesslich weiten Ozeans spiegeln, ohne diese Stille im Mindesten zu stören.

Gelassenheit kultivieren

In den Zwanzigerjahren des 19. Jahrhunderts geschah es, dass ein in ganz Tibet wegen seiner Grausamkeit gefürchteter Räuber eines Tages zur Höhle des Einsiedlers Jigme Gyalwai Nyugu kam, um dessen karge Vorräte zu stehlen.

Beim Betreten der Höhle traf er auf einen mit geschlossenen Augen meditierenden stillen, alten Mann, dessen von einem weißen Haarkranz umrahmtes Gesicht Frieden, Liebe und Mitgefühl ausstrahlte. In dem Augenblick, da der Dieb den Weisen erblickte, verflog seine Aggression. Verwundert beobachtete er den alten Mann eine Weile, und nachdem er den Weisen um seinen Segen gebeten hatte, zog er sich zurück.

Jedes Mal, wenn er fortan in Versuchung geriet, erneut zum Übeltäter zu werden, kam ihm das friedliche Gesicht des weißhaarigen alten Mannes in den Sinn, woraufhin er seine finsteren Absichten aufgab.

Bei der Visualisierung solcher Szenen geht es nicht darum, sich mit Autosuggestion ein bisschen die Zeit zu vertreiben, sondern sich auf die grundlegende Güte einzustimmen, die bei jedem von uns im Innersten vorhanden ist.

Güte

Der tibetische Dichter Shabkar hat gesagt: »Ein mitfühlender Mensch ist gütig, selbst wenn er wütend ist; ein Mensch ohne Mitgefühl kann töten, während er lächelt.«

Entschlossen handeln

Der Dalai Lama wurde einmal gefragt, was wohl die beste Reaktion wäre, wenn jemand in einen Raum eindringen und die Anwesenden mit einer Pistole bedrohen würde. In einem halb ernsten, halb scherzhaften Tonfall antwortete er: »Ich würde ihm in die Beine schießen, um ihn außer Gefecht zu setzen, und dann würde ich zu ihm hinübergehen, ihm über den Kopf streichen und mich um ihn kümmern.« Obgleich ihm selbstverständlich bewusst war, dass reale Situationen nicht immer so simpel sind, wollte er deutlich machen, dass entschlossenes Handeln genügt, eine feindselige oder hasserfüllte Reaktion hingegen nicht nur sinnlos, sondern der Lösung eines Problems abträglich ist.

Emotionen

Das tibetische Wort nyön-mong (Sanskrit: klesha) verweist auf einen quälenden, verwirrten und verstörten Geisteszustand, der uns »von innen her Schmerz und Leid bereitet«. Denken wir an Hass, Eifersucht oder zwanghafte Verhaltensmuster: Im Moment ihres Auftretens fühlen wir uns augenblicklich zutiefst unwohl. Darüber hinaus sind die Handlungen und Worte, zu denen sie uns veranlassen, gewöhnlich darauf angelegt, andere zu verletzen. Im Unterschied dazu machen uns gütige, liebevolle und verständnisvolle Gedanken Freude und Mut, sie öffnen den Geist und verschaffen uns innere Freiheit. Außerdem führen sie uns auf den Weg der Nächstenliebe und des Mitgefühls.

Zur Ruhe kommen

Setzen Sie sich bequem hin, den Körper in einer aufrechten, aber nicht verspannten Haltung, die Augen leicht geöffnet. Achten Sie, während Sie etwa fünf Minuten lang ruhig und natürlich atmen, auf das Ein- und Ausströmen des Atems. Werden Sie gewahr, wie das Durcheinander der Gedanken sich allmählich legt und lichtet. Spüren Sie, wie Sie zur Ruhe kommen. Tauchen Gedanken auf, dann versuchen Sie nicht, sie zu unterdrücken. Aber lassen Sie auch nicht zu, dass es immer mehr werden. Achten Sie einfach weiter auf den Atem.

Wenden Sie nun, statt Ihre Aufmerksamkeit auf all das zu richten, was sich vor Ihnen abspielt, was Sie sehen oder hören können, den »Blick« nach innen, und »betrachten« Sie den Geist. Mit »betrachten« ist hier gemeint, dass Sie den Geist als solchen betrachten, jedoch keine Gedankeninhalte. Lassen Sie den Geist sanft zur Ruhe kommen – wie ein ermüdeter Reisender, der eine schöne Wiese entdeckt und sich für eine Weile auf ihr niederlässt.

Vergegenwärtigen Sie sich dann mit einem Empfinden tiefer Wertschätzung, wie kostbar das menschliche Dasein ist und welche außerordentlich großen Entfaltungsmöglichkeiten es Ihnen, jedem von uns, bietet.

Führen Sie sich zugleich vor Augen, dass dieses kostbare Leben nicht ewig dauern wird und es ganz entscheidend darauf ankommt, den bestmöglichen Gebrauch von ihm zu machen. Gehen Sie offen und ehrlich der Frage nach, was für Sie im Leben am meisten zählt. Was müssen Sie erreichen und was müssen Sie ablegen, damit es Ihnen wirklich gut geht und Sie ein sinnerfülltes Leben führen können? Wenn Ihnen klar geworden ist, welche Faktoren in Ihrem Leben zu wahrem Glück beitragen, stellen Sie sich vor, dass all diese Faktoren in Ihrem Geist prächtig gedeihen, sich nach und nach aufs Schönste entfalten. Nehmen Sie sich vor, diese Gedanken weiterhin täglich zu hegen und zu pflegen.

Beziehen Sie am Ende der Meditation alle Lebewesen in Gedanken, die Ausdruck reiner Güte sind, mit ein.

Emotionen entstehen und vergehen

Wie können wir den verstörenden und zerstörerisch wirkenden Emotionen ihre Macht nehmen, ohne unempfänglich für die Welt zu werden oder Gefahr zu laufen, dass das Leben für uns an Fülle und Reichtum verliert? Falls wir solche Emotionen lediglich in die Tiefen des Unbewussten verbannen, werden sie bei der erstbesten Gelegenheit mit neuer Kraft von dort wieder auftauchen und weiterhin jene Tendenzen verstärken, die den inneren Konflikt aufrechterhalten. Im Idealfall sieht das jedoch ganz anders aus: Wir sollten zulassen können, dass negative Emotionen entstehen und wieder vergehen, ohne dass im Geist auch nur die leiseste Spur zurückbleibt. Gedanken und Emotionen werden dann nach wie vor auftauchen, uns jedoch nicht mehr überfluten: Und sie werden dann außerstande sein, Besitz von uns zu ergreifen.

Emotionales Gleichgewicht

Verhaltensforscher sind in verschiedenen Studien zu dem Ergebnis gelangt, dass die Menschen, denen es am besten gelingt, ein emotionales Gleichgewicht aufrechtzuerhalten (indem sie ihre Emotionen zu regulieren vermögen, ohne sie zu unterdrücken), zugleich das höchste Maß an Selbstlosigkeit an den Tag legen, wenn sie erleben, dass andere leiden. Dagegen sind übermäßig gefühlsbetonte Menschen angesichts leidender Mitmenschen meist mehr mit der eigenen Verstörtheit befasst als mit der Frage, wie sie zur Linderung des Leids, das sie erblicken, beitragen können.

Meditation

Das tibetische Wort *gom,* das gewöhnlich mit »Meditation« übersetzt wird, bedeutet in einer etwas präziseren Übersetzung »sich mit etwas vertraut machen«. Und das Sanskrit-Wort *bhavana,* gemeinhin ebenfalls mit »Meditation« übersetzt, bedeutet »Kultivierung«. In der Tat geht es bei der Meditation nicht darum, still im Schatten eines Baumes zu sitzen und sich eine kleine Verschnaufpause vom Alltagstrott zu gönnen, sondern um ein »Sich-vertraut-Machen« mit einer neuen Sicht der Dinge, um einen neuen Umgang mit den eigenen Gedanken, um eine neue Art und Weise, die Menschen wahrzunehmen und die Welt zu erleben.

Zum Wohl der anderen

Da selbstlose Liebe dem Hass unmittelbar entgegenwirkt, verringert sich in dem Maß, in dem wir diese Liebe in uns wachsen lassen, der Wunsch, anderen zu schaden; und schließlich verschwindet dieser Wunsch ganz. Es geht nicht darum, den Hass zu unterdrücken, sondern den Geist auf etwas diametral Entgegengesetztes auszurichten: auf Liebe und Mitgefühl. Einer traditionellen buddhistischen Praxis folgend, erkennen Sie zunächst einmal an, dass Sie glücklich sein wollen; und im nächsten Schritt beziehen Sie in diesen Wunsch Ihre Lieben und schließlich alle Menschen ohne Ausnahme mit ein – Freunde, Fremde und Feinde. Nach und nach wird Ihr Geist von Selbstlosigkeit und Wohlwollen durchdrungen sein, bis Ihnen diese Qualitäten zur zweiten Natur werden. Indem Sie sich so in einer altruistischen Geisteshaltung üben, können Sie sich dauerhaft vor einer notorisch feindseligen und aggressiven Haltung schützen. Damit einhergehend entwickeln Sie die echte Bereitschaft, zum Wohl der anderen zu handeln.

Emotionen

Emotionen können manchmal so stark sein, dass sie uns keinen Raum zur Besinnung lassen und in dem Moment, in dem sie sich ausdrücken, nicht unter Kontrolle gehalten werden können. In solchen Fällen bleibt eigentlich nur die Möglichkeit, an den Emotionen zu arbeiten, *nachdem* sie abgeklungen sind. Erst wenn der emotionale Aufruhr sich gelegt hat, sind wir in der Lage zu erkennen, wie voreingenommen unser Standpunkt war. Zum eigenen Erstaunen wird uns klar, wie sehr die Emotionen uns hinters Licht geführt haben.

Wut

Mit einiger Erfahrung können wir negative Emotionen neutralisieren, *bevor* sie an die Oberfläche kommen. Wir können sie »kommen sehen«, und wir können unterscheiden lernen, welche Emotionen Leid verursachen und welche zum Glück beitragen.

Emotionale Befreiung

Anders, als man meinen könnte, hat innere Befreiung in Bezug auf die Emotionen weder Apathie noch Gleichgültigkeit zur Folge. Das Leben verliert nichts von seiner Buntheit. Nur bleiben wir nicht länger Spielball unserer negativen Gedanken, Emotionen, Stimmungen und Neigungen, sondern lernen sie zu meistern – nicht wie ein Tyrann, der seine Untertanen rücksichtslos und unnachgiebig unter Kontrolle hält, sondern wie ein freier Mensch, der sein Schicksal selbst in die Hand nimmt.

Mit Emotionen meditieren

Vergegenwärtigen Sie sich eine Situation, in der Sie sehr wütend gewesen sind, und versuchen Sie, diese Erfahrung wieder aufleben zu lassen. Wenn Wut hochkommt, richten Sie Ihre Aufmerksamkeit auf die Wut selbst, nicht auf den Auslöser der Wut. Verbinden Sie sich nicht mit ihr, sondern betrachten Sie die Wut als ein von Ihnen getrenntes Phänomen. Indem Sie einfach Ihr Augenmerk weiter auf sie richten, wird sie sich allmählich auflösen. Vielleicht flammt sie aber auch immer wieder neu auf, und unter Umständen haben Sie dann das Gefühl, Sie könnten nicht bewerkstelligen, dass die Wut sich legt. Sie wird wachgehalten, weil Ihre Gedanken immer wieder hilflos zum Objekt Ihres Unmuts hingezogen werden. Dieses Objekt wird gleichsam zur Zielscheibe, und jedes Mal, wenn Sie Ihre Gedanken wieder dorthin richten, springt der Funke über, und die

Emotion entflammt aufs Neue. Ihnen kommt es dann so vor, als habe sie von Ihnen Besitz ergriffen und Sie seien in einem Teufelskreis gefangen. Richten Sie einfach, statt die Aufmerksamkeit der »Zielscheibe« zuzuwenden, Ihr Augenmerk auf die Emotion selbst. Sie werden feststellen, dass sie sich nicht zu behaupten vermag und schon bald an Kraft verliert.

Der Blick nach innen

Haben wir indes erst einmal begonnen, den Blick nach innen zu wenden, bemerken wir, dass die Transformation nicht annähernd so beschwerlich ist, wie wir uns das vorgestellt hatten. Im Gegenteil, sobald wir uns entschlossen haben, solch eine innere Metamorphose zu durchlaufen, bereitet uns – auch wenn unweigerlich ein paar Schwierigkeiten auf uns zukommen – diese Arbeit schon bald so viel Freude, dass jeder Schritt uns zu größerer Zufriedenheit führt. In zunehmendem Maß verspüren wir Freiheit und Kraft. Dadurch verlieren unsere Befürchtungen und Sorgen an Gewicht. Das Gefühl von Unsicherheit weicht einem mit Lebensfreude gepaarten Selbstvertrauen, und notorische Selbstbezogenheit wandelt sich zu einem freundlichen Altruismus.

Jeder Augenblick pures Glück

Einer meiner verstorbenen Lehrer, Sengdrak Rinpoche, hat über dreißig Jahre lang im bergigen Grenzgebiet zwischen Nepal und Tibet gelebt. Eines Tages berichtete er mir, als er in jungen Jahren mit seinen Retreats begann, habe er eine wirklich schwierige Zeit durchgemacht. Seine Emotionen seien so stark gewesen, dass er glaubte, sie würden ihn noch um den Verstand bringen. Schließlich aber gelangte er, nachdem er verschiedene Methoden für den Umgang mit den Emotionen erlernt hatte, allmählich in einen Zustand inneren Friedens. Seither bedeutete jeder Augenblick für ihn pures Glück. Und das merkte man ihm an! Er war einer der einfachsten, unbeschwertesten und angenehmsten Menschen, denen ich je begegnet bin. Ich hatte den Eindruck, dass äußere Schwierigkeiten an ihm abperlten wie Wassertropfen von einem Rosenblatt. Wenn er sprach, funkelten seine Augen vor Freude, und er wirkte derart lebendig und beschwingt, dass es mir manchmal so vorkam, als würde er sich vielleicht im nächsten Moment einem Vogel gleich in die Luft erheben.

Was ist wirklich wichtig?

In Hongkong habe ich unter den jungen Börsencracks einige gekannt, die in Schlafsäcken auf dem Bürofußboden übernachtet haben, damit sie mitten in der Nacht an den Computer eilen konnten, um nicht den Abschluss der New Yorker Börse zu verpassen. Auf ihre Weise versuchen auch sie, glücklich zu sein – allerdings ohne großen Erfolg. Ein bis zwei Mal im Jahr, so hat mir einer von ihnen erzählt, gehe er runter zum Strand, um sich an der Schönheit des Meeres zu erfreuen. In solchen Momenten kann er sich, wie er mir sagte, des Gedankens nicht erwehren, ein sehr seltsames Leben zu führen. »Und trotzdem werde ich am Montagmorgen einfach so weitermachen.«

Woran fehlt es uns? An klaren Prioritäten? An Mut? Dicht gedrängt sitzen wir auf der Oberfläche der Illusion, auf einem funkelnden Spiegelbild, ohne uns auch nur einmal die Zeit zu nehmen, aus tiefster Seele die entscheidende Frage hochkommen zu lassen: »Was ist mir in diesem Leben wirklich wichtig?« Haben wir die Antwort gefunden, bleibt immer noch Zeit, darüber nachzudenken, auf welche Weise wir unser Ziel erreichen wollen. Aber ist es nicht ein Jammer, wenn man diese Frage schon im Keim erstickt?

Selbstlose Liebe

Selbstlose Liebe ist die Freude, unser Leben mit den uns nahestehenden Menschen zu teilen – mit Freunden, Geliebten und Gefährten, mit der Ehefrau beziehungsweise dem Ehemann – und zu ihrem Glück beizutragen. Wir lieben sie, wie sie sind, statt sie durch die verzerrende Brille der Ichbezogenheit zu betrachten. Das Glück des anderen liegt uns am Herzen, und anstatt ihn besitzen zu wollen, fühlen wir uns für sein Wohlergehen verantwortlich. Anstatt ängstlich darauf bedacht zu sein, dass die eigenen Erwartungen erfüllt und die eigenen Wünsche befriedigt werden, können wir voller Freude seine Liebe empfangen.

Wie die Sonne

Schauen Sie sich die Sonne an. Sie scheint unterschiedslos auf alle Menschen herab, auch wenn sie vielleicht diejenigen, die ihr gerade näher sind, mehr wärmt. Vergleiche hinken immer ein wenig, dieser hier kann uns jedoch zumindest eine annähernde Vorstellung davon vermitteln, dass wir über die Möglichkeit verfügen, eine alle Lebewesen miteinbeziehende Güte zu entwickeln.

Freude geben, Dankbarkeit empfangen

Selbstlose Liebe ist der höchste Ausdruck einer nicht von den Machenschaften des Egos getrübten und entstellten menschlichen Natur. Sie bewirkt, dass sich eine Tür in uns öffnet. Das Gefühl eigener Wichtigkeit verschwindet – und damit die Angst. Selbstlose Liebe erlaubt uns, voller Freude zu geben und voller Dankbarkeit zu empfangen.

Frei sein von Wut

Wir können Ungerechtigkeit, Grausamkeit, Unterdrückung und Fanatismus aus tiefstem Herzen ablehnen und alles in unserer Macht Stehende dagegen unternehmen, ohne uns dem Hass anheimzugeben.

Wenn wir einen Menschen in den Fängen von Hass, Wut und Aggression sehen, sollten wir ihn eher wie einen Kranken betrachten und nicht als Feind; als jemanden, den es zu heilen, nicht zu bestrafen gilt.

Frei von Hass

Eines Tages erhielt der Dalai Lama Besuch von einem tibetischen Mönch, der fünfundzwanzig Jahre lang in chinesischen Arbeitslagern interniert gewesen war. Seine Folterer hatten ihn mehrmals an den Rand des Todes gebracht. Der Dalai Lama sprach sehr lange mit ihm und war tief bewegt von seiner gelassenen Haltung nach so vielen Jahren des Leids. Er fragte ihn, ob er je Angst gehabt habe. Der Mönch antwortete: »Oft hatte ich Angst, dass ich anfangen könnte, meine Folterer zu hassen. Dadurch hätte ich mich selbst zerstört.«

Neid versus Freude

Neid: was für eine seltsame Emotion. Wir beneiden andere um ihr Glück, aber gewiss nicht um ihr Unglück. Ist das nicht absurd? Wäre es nicht ganz natürlich, ihnen Glück zu wünschen? Warum ist uns unbehaglich zumute, wenn sie glücklich sind? Warum rufen ihre positiven Eigenschaften Bosheit in uns wach? Das Gegenteil von Neid ist die Freude über all die kleinen und großen Freuden, die andere erleben. So wird ihr Glück zu unserem.

Entsagung in die Freiheit

Sich einzugestehen, dass man weder vollkommen ist noch wahrhaft glücklich, zeugt nicht von Schwäche, sondern von gesundem Einsichtsvermögen, das mit Selbstmitleid, Pessimismus oder mangelndem Selbstvertrauen nicht das Geringste zu tun hat. Die entsprechende Einsicht führt zu einer Neubewertung unserer Prioritäten im Leben und setzt eine Energie frei, die im Buddhismus mit dem Begriff »Entsagung« bezeichnet wird – ein oft missverstandenes Wort, das im Grunde genommen einen starken Freiheitsdrang zum Ausdruck bringt.

Den Rucksack absetzen

Wahre Entsagung gleicht jedoch eher einem Vogel, der sich frei in die Lüfte schwingt, wenn die Tür seines Käfigs geöffnet wird. Die nicht enden wollenden Sorgen, die den Geist bedrückt haben, sind mit einem Mal verflogen, und das Potenzial, das uns innewohnt, kann sich frei und ungehindert entfalten. Wir sind wie müde Wanderer, die in ihrem schweren Rucksack ein bunt durcheinandergewürfeltes Gemisch aus Vorräten und Steinen mit sich schleppen. Wäre es da nicht eine ziemlich pfiffige Idee, den Rucksack für einen Moment abzusetzen, um alles Überflüssige auszusortieren und so die Last zu verringern?

Eine knusprig gebratene Kartoffel

Eines Tages kam in dem Städtchen Ghoom unweit von Darjeeling ein Tibeter zu einem weisen alten Mann, bei dem ich damals gerade zu Besuch war. Der Tibeter begann, zunächst von all den Missgeschicken zu erzählen, die ihm in der Vergangenheit zugestoßen waren. Und anschließend zählte er alle Befürchtungen und Sorgen auf, die ihn im Hinblick auf die Zukunft plagten. Währenddessen briet der Weise auf einem kleinen Kohlebecken, das vor ihm auf dem Boden stand, in aller Seelenruhe ein paar Kartoffeln. Nach einer Weile sagte er zu dem Besucher, der seit seiner Ankunft voll und ganz damit beschäftigt gewesen war, ihm sein Leid zu klagen: »Welchen Sinn macht es, sich über Dinge, die es nicht mehr gibt, und über Dinge, die noch gar nicht geschehen sind, den Kopf zu zerbrechen?« Verblüfft verstummte der Besucher und blieb still neben dem Weisen sitzen, der ihm ab und zu eine knusprig gebratene heiße Kartoffel reichte.

Ein einfacher Geist

Ein einfacher, unkomplizierter Geist ist ganz und gar nicht mit Einfalt gleichzusetzen. Im Gegenteil, die Einfachheit eines unkomplizierten Geistes spiegelt sich in der Klarheit der Gedanken. Wie klares Wasser uns den Blick bis auf den Grund eines Sees ermöglicht, so lässt Einfachheit die Natur des Geistes hinter dem Schleier der rastlosen Gedanken zum Vorschein kommen.

Der Lama und der Dieb

Eines Tages ließ Patrul Rinpoche unweit des Klosters Dzamthang in Osttibet mehrere Tausend Menschen an den Einsichten, die er gewonnen hatte, teilhaben. Anstatt in einem Tempel oder auf einem Thron zu sitzen, saß er lieber auf einem Hügel im Gras. Obwohl jedermann wusste, dass er niemals Geschenke annahm, bestand am Ende der Unterweisung ein alter Mann darauf, ihm einen Silberbarren zu schenken. Diesen legte der Mann, bevor er sich auf den Heimweg machte, zu Patruls Füßen ins Gras.

Wenig später warf Patrul sein Bündel über den Rücken, ergriff seinen Wanderstab und ging seines Weges. Ein Dieb, der die Szene beobachtet hatte, folgte ihm in der Absicht, das Silber zu stehlen. Patrul war ohne Begleiter unterwegs, hatte im Moment kein genaues Ziel und verbrachte eine friedliche Nacht unter dem Sternenzelt. Nachdem er eingeschlafen war, kam der Dieb im Schutz der Dunkelheit herangekrochen.

Patrul hatte seinen kleinen Stoffbeutel und seine Teeschale in der Nähe abgelegt. Da der Dieb darin nichts finden konnte, begann er, den losen Schafwollumhang des Einsiedlers zu durchsuchen.

Durch die Fummelei des Räubers wach geworden, rief er aus: »Warum wühlst du in meinen Kleidern herum?«

Der Dieb knurrte: »Jemand hat dir einen Silberbarren geschenkt. Den will ich haben!«

»Ach du meine Güte«, rief der Einsiedler. »Was für ein beschwerliches Leben du doch führst, indem du wie ein Verrückter durch die Gegend hetzt! Wegen eines Klumpens Silber bist du mir also diesen ganzen Weg hinterhergelaufen! Du armer und beklagenswerter Mensch! Hör mir zu. Kehr um, und du wirst bei Tagesanbruch den Hügel erreichen, wo ich gesessen habe. Dort wirst du das Silber finden.«

Der Dieb blieb zwar misstrauisch, hatte jedoch lange genug in Patruls Sachen herumgewühlt, um zu wissen, dass dieser den Silberbarren nicht bei sich hatte. Obwohl er es für unwahrscheinlich hielt, dort, wo der Einsiedler ihn hingeschickt hatte, das Silber vorzufinden, ging er zurück und suchte den Hügel ab. Tatsächlich, da lag der Barren schimmernd im Gras.

Doch plötzlich wurde der Dieb nachdenklich: »Dieser Patrul ist kein gewöhnlicher Lama. Er hat jedes Anhaften überwunden. Durch den Versuch, ihn zu berauben, habe ich mir bestimmt verdammt schlechtes Karma eingehandelt.« Reumütig begab er sich auf den Rückweg, um nach dem Lama zu suchen. Als er ihn schließlich eingeholt hatte, schalt Patrul ihn aus: »Du schon wieder! Immer auf den Beinen, nicht wahr? Dabei solltest du doch inzwischen wirklich wissen, dass ich das Silber nicht bei mir habe. Was willst du denn nun?«

Während sich der Räuber vor Patrul niederwarf, um sein negatives Handeln zu bekennen, füllten sich seine Augen mit Tränen. »Ich bin nicht gekommen, um dir etwas wegzunehmen. Das Silber habe ich ja gefunden. Aber wenn ich daran denke, dass ich dich schlagen und dir alles rauben wollte, was du besitzt! Du bist ein wahrhaft weiser Mensch. Ich bitte dich um Vergebung und möchte dein Schüler werden.«

Patrul beruhigte ihn. »Weder musst du vor mir etwas bekennen noch mich um Vergebung bitten. Sei großzügig im Leben, erflehe den Segen des Buddha und setze seine Lehren in die Tat um. Das genügt voll und ganz.«

Einige Zeit später fanden die Leute heraus, was passiert war, und machten sich auf den Weg, um dem Dieb eine handfeste Lektion zu erteilen. Als Patrul Rinpoche davon erfuhr, wies er sie mit Nachdruck zurecht: »Wenn ihr diesem Mann etwas zuleide tut, tut ihr mir etwas zuleide. Lasst ihn in Ruhe.«

Der Weg der Verwandlung

Wozu ist eine Freiheit gut, die nur uns selbst zugutekommt? Allerdings trifft es zu, dass wir, um anderen besser von Nutzen sein zu können, zunächst einmal uns selbst ändern müssen. Freiheit beinhaltet auch die Fähigkeit, den Weg der inneren Transformation zu beschreiten. Dazu müssen wir nicht nur äußere Schwierigkeiten überwinden, sondern auch unsere ureigensten Widersacher bezwingen: Trägheit, mangelnde Zielstrebigkeit und all diejenigen Gewohnheiten, die uns ständig von unserer spirituellen Praxis ablenken oder aber bewirken, dass wir diese auf die lange Bank schieben.

Vergleichen

Eine der Hauptursachen für Unzufriedenheit ist die Angewohnheit, sich innerhalb der Familie, am Arbeitsplatz oder im Freundeskreis mit anderen zu vergleichen.

Der Bauer aus Bhutan

Als der junge Abt meines Klosters einmal einem Bauern in Bhutan ein neues Hemd und 1000 Rupien geschenkt hat, blickte dieser Bauer völlig verwirrt drein und sagte, in seinem ganzen Leben habe er noch nie mehr als 300 Rupien (etwa sieben Dollar) auf einmal besessen. Als mein Abt den Alten fragte, ob er irgendwelche Probleme habe, dachte der eine Weile nach und antwortete dann: »Ja, die Blutegel, wenn ich während des Monsuns durch den Wald gehe.«

»Sonst noch etwas?«

»Nein, sonst nichts.«

Gold bleibt Gold

Wenn wir den Blick nach innen wenden und den Geist ausgiebig erkunden, können wir erkennen, dass seine ursprüngliche Natur in jenem grundlegenden Einsichts- oder Erkenntnisvermögen besteht, das die Dinge »erhellt«, mit anderen Worten: ein Licht – das Licht reinen Gewahrseins – auf die äußeren Phänomene und die inneren, im Geist sich abspielenden Geschehnisse wirft. Dieses Erkenntnisvermögen liegt sämtlichen Gedanken zugrunde, bleibt von ihnen aber essenziell ebenso unbeeinflusst wie die Oberfläche eines Spiegels von den in ihm sich spiegelnden Objekten.

Sich vertraut machen

Intellektuelles Verstehen genügt nicht. Wir werden nicht dadurch gesund, dass wir das Rezept des Hausarztes lediglich neben unser Bett legen oder es auswendig lernen. Wir müssen uns das Gelernte zu eigen machen, es uns voll und ganz anverwandeln, damit die Einsicht zum Bestandteil unseres Geistesstroms wird. So bleibt sie nicht nur Theorie, sondern trägt wirklich zu unserer Veränderung bei. Darin besteht, wie wir gesehen haben, die Bedeutung des Wortes *Meditation:* im Sich-vertraut-Machen mit einer neuen Lebensweise, einer neuen Art, *da zu sein.* So können wir uns mit vielen positiven Eigenschaften – Güte, Geduld, Toleranz – vertraut machen und sie durch stetige Meditation immer weiter und tiefer gehend entwickeln.

Tiefe Zufriedenheit

Tatsächlich ist jede Stufe dieses Weges ein Schritt in Richtung innerer Erfüllung und tiefer Zufriedenheit. Die spirituelle Reise gleicht einer Wanderung von Tal zu Tal – hinter jedem Gebirgspass erblicken wir eine noch grandiosere Landschaft.

Sieh selbst!

Wie jede Ausbildung führt auch der spirituelle Weg über mehrere Stufen. Zuerst müssen wir die Unterweisungen empfangen und sie anschließend verinnerlichen. Ein Kind wird nicht mit allem Wissen geboren, das es braucht. Wir müssen dann darauf achten, dass das Wissen nicht wie ein schön eingebundenes Buch wird, das man nur selten zur Hand nimmt, um es aufzuschlagen. Sich mit der Bedeutung immer wieder intensiv auseinanderzusetzen, darauf kommt es an. Der Buddha hat zu den Menschen, die seine Schüler werden wollten, gesagt: »Akzeptiert meine Lehre nicht aus bloßem Respekt vor mir. Untersucht sie, unterzieht sie einer sorgfältigen Prüfung, so wie der Goldschmied das Gold durch Schneiden, Erhitzen und Hämmern prüft.«

Jenseits von Glück und Leid

Aus der Perspektive der absoluten Wahrheit sind weder Glück noch Leid real. Beide sind Bestandteil der relativen Wahrheit, die der in Verwirrung gefangene Geist wahrnimmt. Wer die wahre Natur der Dinge erkennt, gleicht einem Segler, der auf einer Insel aus purem Gold landet: Selbst wenn er nach gewöhnlichen Kieselsteinen suchen sollte, wird er keine finden.

Über den Autor

Matthieu Ricard arbeitete als Forscher auf dem Gebiet der Molekularbiologie, ehe er seine Berufung zum Buddhismus erkannte. Seit 25 Jahren lebt er als buddhistischer Mönch in den tibetischen Klöstern des Himalaya. Er übersetzt Werke aus dem Tibetischen und ist der offizielle Französischübersetzer des Dalai Lama.

Jon Kabat-Zinn
Jeder Augenblick kann dein Lehrer sein
Achtsamkeit für den Alltag
KNAUR.LEBEN

Jon Kabat-Zinn

JEDER AUGENBLICK KANN DEIN LEHRER SEIN

Achtsamkeit für den Alltag

Die ganze Fülle des Lebens liegt in der Erfahrung des gegenwärtigen Augenblicks. Wenn wir lernen, ganz in der Gegenwart anzukommen, sind wir entspannt und zufrieden.
In diesem liebevoll gestalteten Geschenkbuch finden sich 100 Inspirationen des weltbekannten Achtsamkeitslehrers, um mehr Bewusstheit in das tägliche Leben zu bringen – von Moment zu Moment.

»Das Buch ist eine Augenweide, angefüllt mit schönen Texten und tiefgehenden Hinweisen. Eine Empfehlung für alle Schöngeister.« – SPIRIT life & Schirner

KNAUR.LEBEN